¡Abrapalabra!

Libro de palabras e imágenes

HAMPTON-BROWN

Hampton-Brown
P.O. Box 223220
Carmel, California 93922
(800) 333–3510

Printed in the United States of America.

0-7362-0178-5
09 10 11 12 13 14 15 10 9 8 7 6

Contenido

Temas

Los animales

la aleta ····

el delfín

el mapache

la oreja

la cola ···

el colmillo

la trompa

el elefante

la pezuña

el ala

los pavos reales

el lobo

2

la cabeza

el pico

el cuello

el cuerpo

el flamenco

el ojo

la pata

el casco

el oso polar **la jirafa** **el tigre**

el caimán

Los bicharracos

la avispa

el ala

la libélula

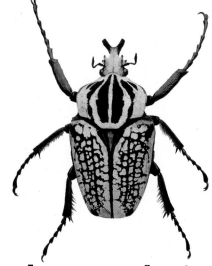

el escarabajo

la antena · · · ·

la cabeza · · · ·   el cuerpo

la mariposa

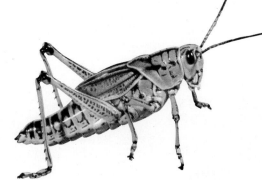

el saltamontes

la mosca

¿Dónde viven?

la colmena ·······

la abeja

la telaraña ·······

la araña

la concha

el caracol

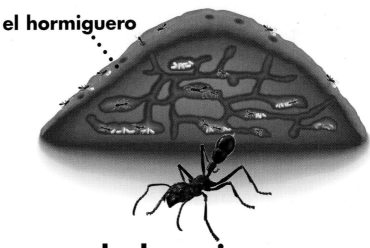

el hormiguero ·····

la hormiga

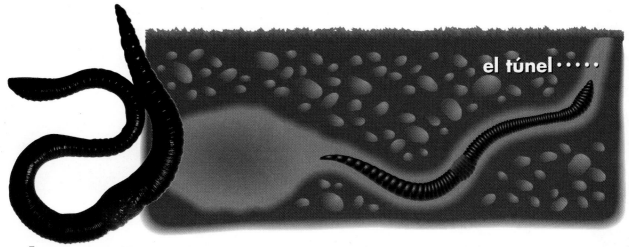

el túnel ·····

El gusano

Celebraciones

¿Qué hacen?

la vela

encienden velas

el sombrero

bailan

el pastel de cumpleaños

apaga las velas

el pavo

comparten una comida

viste ropa especial

el ramo

el velo

el traje

se casan

la cinta

abre regalos

el sombrero de plumas

marchan en un desfile

7

La ciudad

el cruce de niños

el cono

el semáforo

el edificio   **la calle**   **el rascacielos**

el cruce de peatones   **la acera**

la boca de incendio

la señal

los parquímetros

Colores y formas

 rojo

 verde

 amarillo

 azul

 negro

 café

 morado

 anaranjado

 blanco

 rosado

 color canela

 gris

el rectángulo

el círculo

...la esquina

el cuadrado

....la punta

el triángulo

Día y noche

la cobija

los zapatos

se despierta

los calcetines

se viste

la leche

el cereal

el jugo de naranja

los plátanos

desayuna

**se cepilla
los dientes**

va a la escuela

10

el papel

los cubiertos

la servilleta

el plato

dibujan

pone la mesa

la ensalada

la leche

la carne

cena

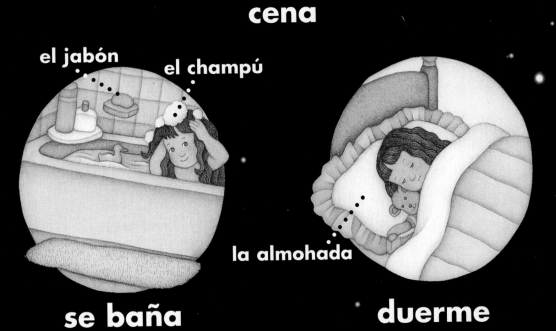

el jabón

el champú

la almohada

se baña

duerme

La Tierra

El bosque

el planeta Tierra

los árboles

el oso

la ardilla

el pájaro
carpintero

el lobo

el alce

el zorrillo

el río   el pez

El océano

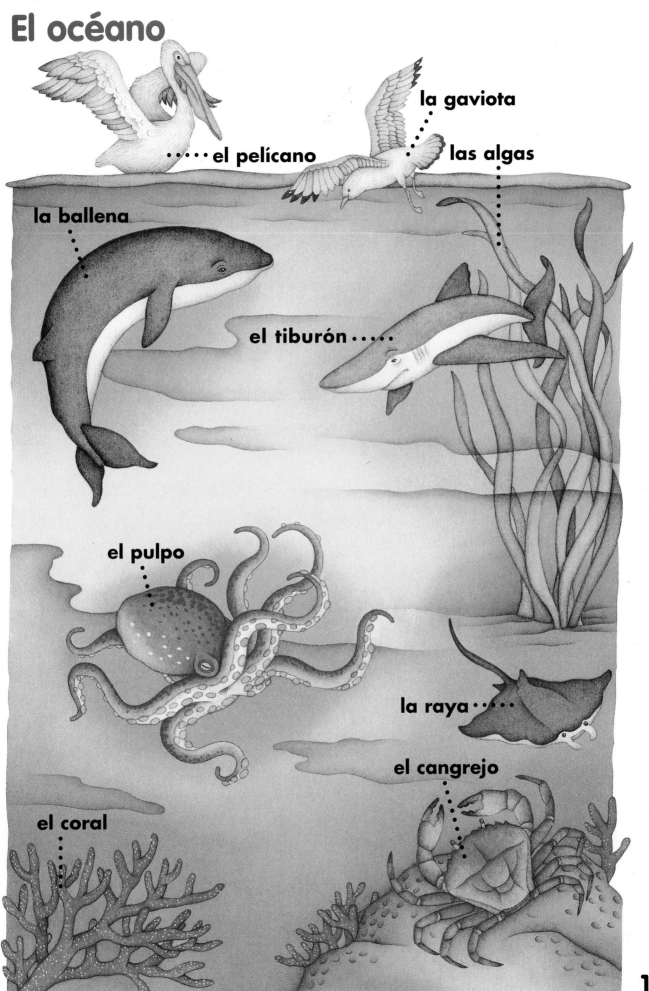

la gaviota

el pelícano

las algas

la ballena

el tiburón

el pulpo

la raya

el cangrejo

el coral

La Tierra

La selva tropical

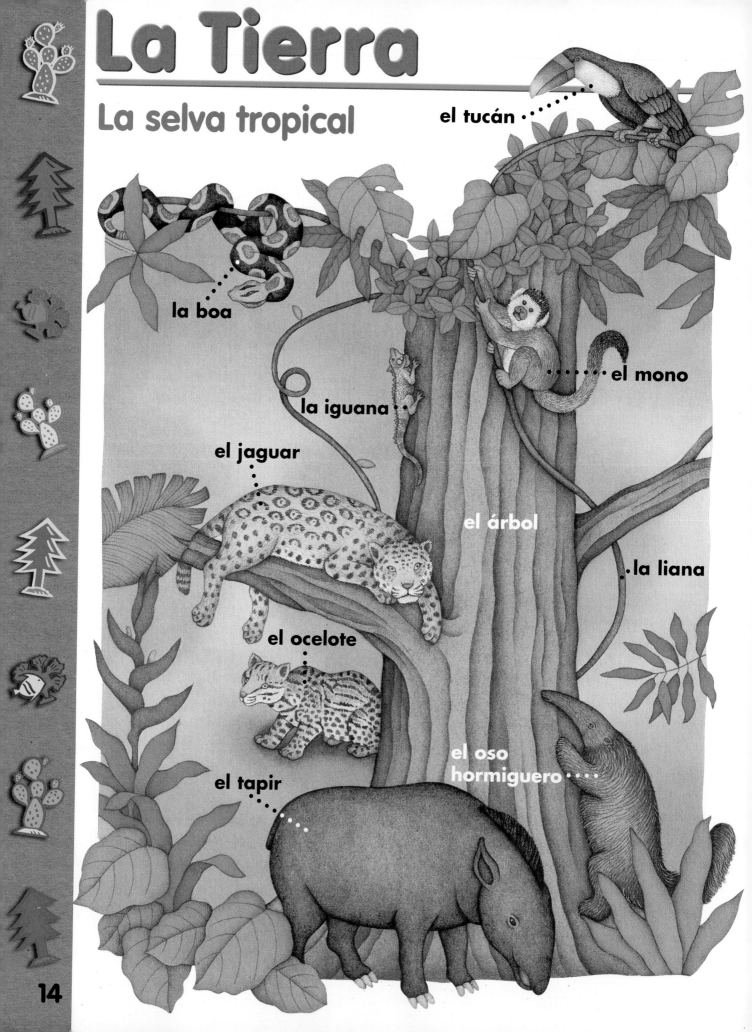

el tucán

la boa

la iguana

el mono

el jaguar

el árbol

la liana

el ocelote

el oso hormiguero

el tapir

El desierto

el cacto····

el colibrí

la serpiente
de cascabel

····el coyote

el correcaminos

la liebre····

el lagarto····

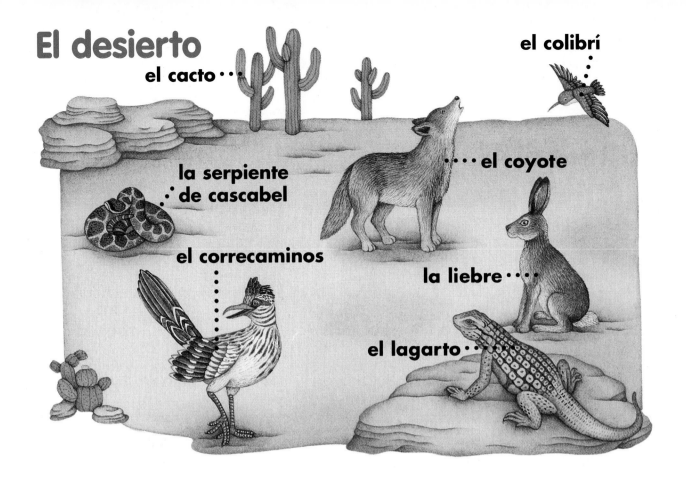

El pantano

los juncos

la garceta····

····la grulla

el caimán

la serpiente

la nutria

La familia

La familia Delgado

mi
abuelito

mi
abuelita

mi
abuelo

mi
abuela

mi
tía

mi
tío

mi
madre

mi
padre

mi
primo

mi
hermana

mi
hermano

yo

16

¿Qué hacen las familias?

la nieta
la abuela

miran sus fotos

la hija   la mamá

leen un libro

las hermanas

cocinan

los padres

van de paseo

el papá

se divierten

la mamá
el hijo

se abrazan

La granja

el silo

la casa

la puerta

la cerca

el establo

el corral

el huerto

el campo

el tractor

el arado

los granjeros

la carretilla

19

Las cosechas

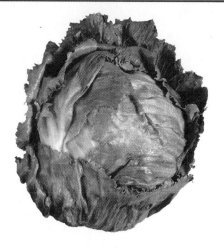

la lechuga

la hoja

el elote

la cáscara

el plátano

el tomate

el brócoli

el chile

20

la berenjena

el trigal

el trigo

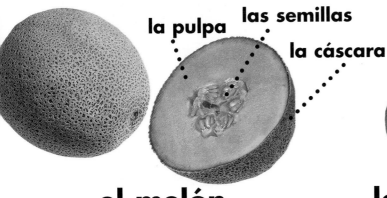

la pulpa
las semillas
la cáscara

el melón

el naranjal

la naranja

el pepino

el calabazar

la calabaza

los ejotes

el arrozal

el arroz

21

La comida

la ensalada

el muslo
de pollo

el pollo

la papa al horno

el elote

la pasta

la sopa

el panecillo

la carne

la hamburguesa

arroz y frijoles

la tortilla

el taco

Los panes

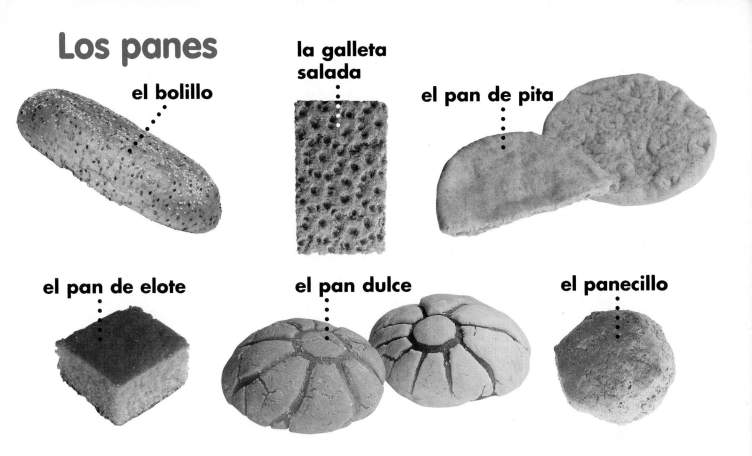

el bolillo

la galleta salada

el pan de pita

el pan de elote

el pan dulce

el panecillo

Los postres

el arroz con leche

las galletas

la fruta fresca

la tarta

el pastel

el flan

Los amigos

¿Qué hacen los amigos?

las semillas ·········

····· la pala

excavan

siembran

la manguera

el agua

la mala hierba ··········

riegan

arrancan las malas hierbas

el azadón

las tijeras

cavan con el azadón

cortan flores

los tulipanes

las margaritas

los narcisos

las rosas

le regalan flores a un amigo

Cómo crecen

La rana

la cola

1. los huevos

2. el renacuajo

3. la rana

La mariposa

1. el huevo

2. la oruga

3. la crisálida

4. la mariposa

La gallina

1. el huevo

2. el pollito

3. la gallina

La mata de guisante

1. las semillas

la cáscara de la semilla

la raíz principal

2. el brote

la hoja

3. la plántula

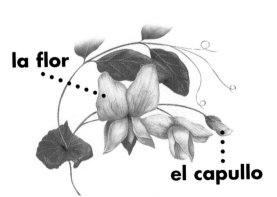
la flor

el capullo

4. la planta joven

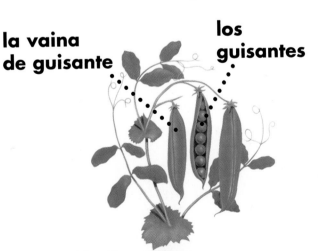
la vaina de guisante

los guisantes

5. la planta adulta

Un cuerpo sano

Tu cuerpo

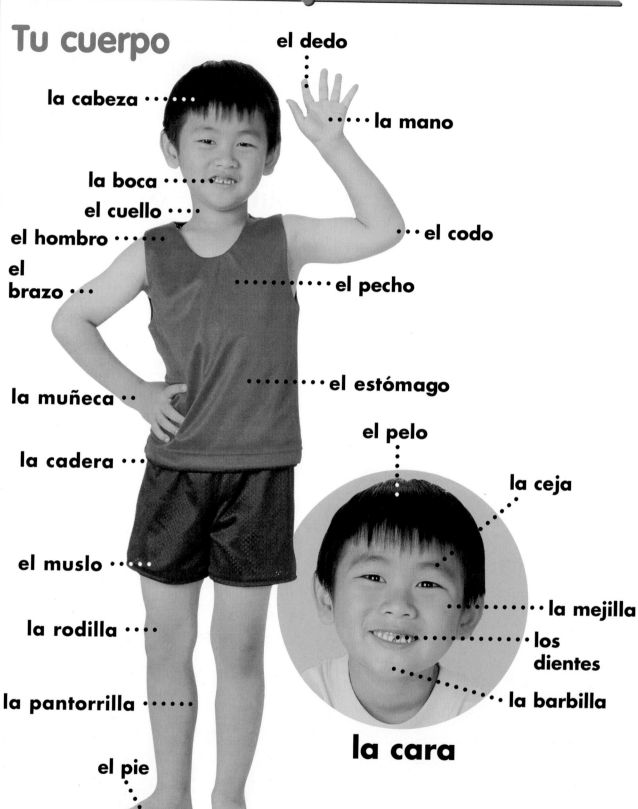

el dedo

la cabeza

la mano

la boca

el cuello

el hombro

el codo

el brazo

el pecho

el estómago

la muñeca

el pelo

la cadera

la ceja

el muslo

la mejilla

la rodilla

los dientes

la pantorrilla

la barbilla

la cara

el pie

los dedos

el talón

¿Cómo te mantienes saludable?

····la manzana

····el casco

Como alimentos sanos.

Ando en bicicleta.

Camino.

Juego baloncesto.

Nado.

Duermo lo necesario.

Las casas

la casa transportable

los apartamentos

la casa de madera

la paja

el barro

la casa de barro

el yurt

la casa flotante

las casas de adobe

la casa de troncos

el techo de paja

la cabaña

**las casas
en acantilados**

el pilote

la casa sobre pilotes

la tienda de campaña

Las casas

Dentro de una casa

····· la ventana

el suelo

el dormitorio

la cama

la mesita
de noche

el escritorio

el mueble
de gavetas

la ducha

el cuarto
de baño

el lavamanos

el inodoro

el espejo

el grifo

la tina

la cocina

el fregadero

el refrigerador

la estufa

el gabinete

el horno

la silla   la mesa

la sillita
de niño

la pared

la mesita
de centro

la sala

los estantes

la televisión

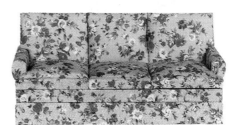

el sofá

el sillón

la alfombra

la lámpara

Mi mundo

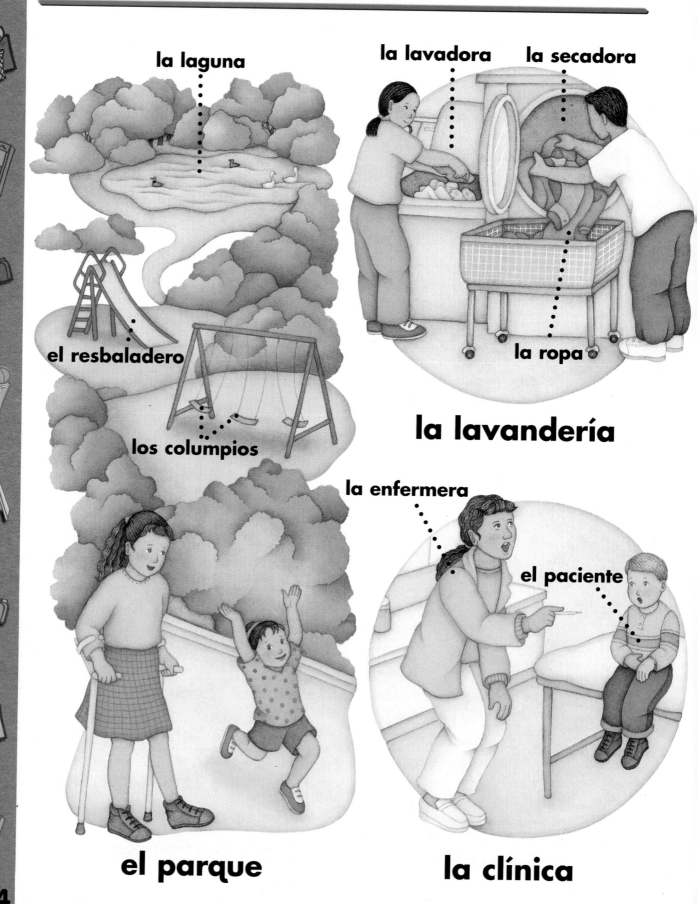

la laguna

el resbaladero

los columpios

la lavadora

la secadora

la ropa

la lavandería

la enfermera

el paciente

el parque

la clínica

34

la casa

los apartamentos

la tienda

la escuela

la libreta

el mesero

la lista

el restaurante

la caja

la cajera

el escáner

las compras

el carrito

el supermercado

el barbero

las tijeras

el peine

la barbería

35

Los números

1	**uno**	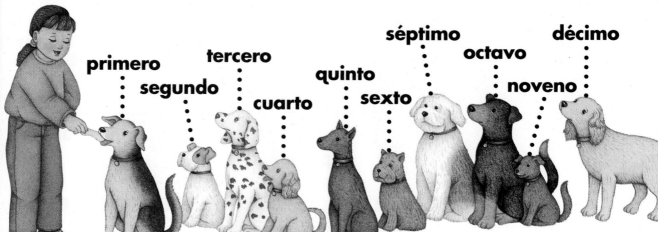....la golosina de perro
2	**dos**	
3	**tres**	
4	**cuatro**	
5	**cinco**	
6	**seis**	
7	**siete**	
8	**ocho**	
9	**nueve**	
10	**diez**	

primero segundo tercero cuarto quinto sexto séptimo octavo noveno décimo

Los opuestos

la caja abierta

la caja cerrada

la silla pequeña

la silla grande

el lápiz corto

el lápiz largo

el marcador fino

el marcador grueso

el vaso vacío

el vaso lleno

el creyón nuevo

el creyón viejo

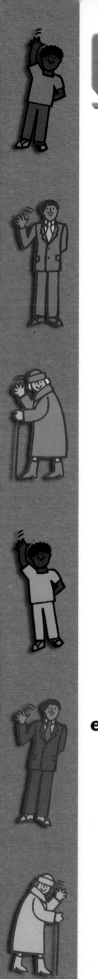

La gente

el niño · · · ·

· · · · · la niña

el bebé

los niños

los gemelos

la adolescente

el hombre

la mujer

los adultos

el anciano

¿Cómo se sienten?

enojado

feliz

asustada

el bostezo

cansado

sorprendido

39

Animales caseros

los bigotes

el pez de colores

el pelo

el hámster

el gato

el loro

las plumas

la garra

el conejo

la cola

el caparazón

la tortuga

40

¿Qué necesitan los perros?

el perro

la correa

el tazón

la comida

el ejercicio

el cepillo

el collar

el cariño

el cepillado

Las plantas

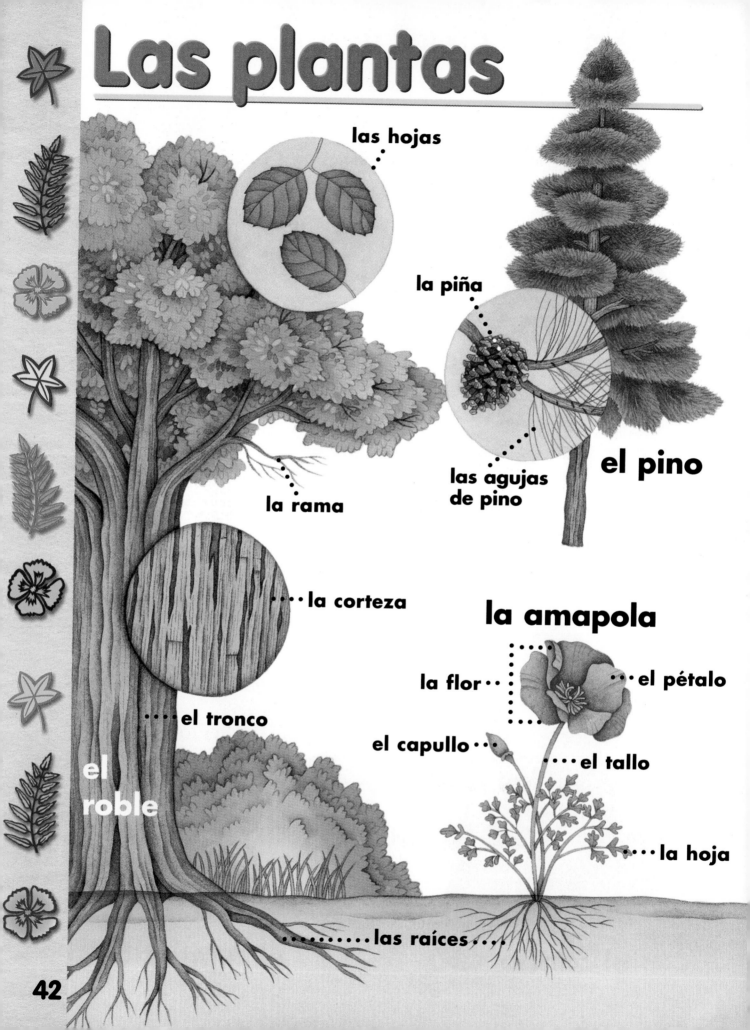

las hojas

la piña

la rama

las agujas de pino

el pino

la corteza

la amapola

la flor

el pétalo

el capullo

el tronco

el tallo

la hoja

el roble

las raíces

Otros usos

el papel

el cartón viejo de leche · · ·

el comedero de pájaros

el vidrio

el frasco usado · · · · ·

el florero

las latas

los lápices

la lata vieja · · · ·

el recipiente para lápices

Las estaciones

Es otoño. ¿Dónde está Nico?

en su asiento

septiembre

junto al árbol

octubre

en la cocina

noviembre

Es invierno. ¿Dónde está Luisa?

sobre el charco

diciembre

detrás del muñeco de nieve

enero

junto al fuego

febrero

Es primavera. ¿Dónde está Tina?

entre las flores

fuera del autobús

bajo el papalote

marzo

abril

mayo

Es verano. ¿Dónde está Eric?

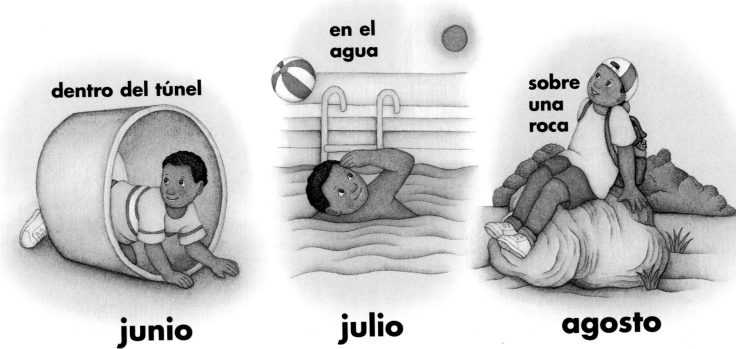

en el agua

dentro del túnel

sobre una roca

junio

julio

agosto

Los sentidos

 ## Los ojos para ver

un centavo brillante

los tres globos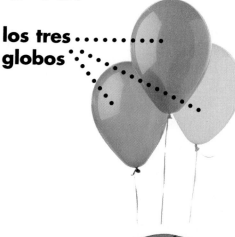

la camisa de rayas

la pelota redonda

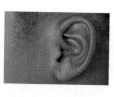 ## Las orejas para oír

el silbato ruidoso

el tic-tac del reloj

el teléfono que suena

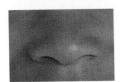

La nariz para oler

la basura
maloliente

las palomitas
recién hechas

la flor
fragante

La boca para saborear

el prétzel
salado

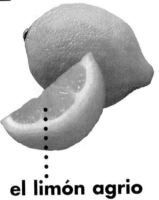

el limón agrio

la fresa dulce

Las manos para tocar

la madera áspera

la alcancía lisa

el conejo suave

El tiempo

El calendario

el mes · · · · · · el año

ENERO 2001

· · · · los días de la semana ·

domingo	lunes	martes	miércoles	jueves	viernes	sábado
la fecha	1	2	3	4	5	6
7	8	9	10	11	12	13
14	15	16	17	18	19	20
21	22	23	24	25	26	27
28	29	30	31			

Las horas del día

Es la una.

Son las dos.

Son las tres.

48

el minutero

el horario

Son las cuatro.

Son las cinco.

Son las seis.

Son las siete.

Son las ocho.

Son las nueve.

Son las diez.

Son las once.

Son las doce.

El transporte

Por aire

el avión de hélice

el helicóptero

Por tierra

el tren

el autobús

el auto

la motocicleta

la bicicleta

**el avión
de reacción**

el cohete

**el transbordador
espacial**

**la
camioneta**

el taxi

**el camión
diesel**

Por agua

la canoa   **el bote de velas**   **el barco**

El clima

el sol

la nube

¿Qué tiempo hace?

**la reportera
del tiempo**

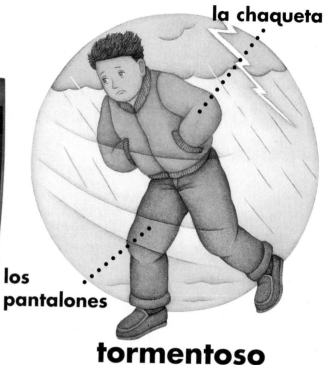

la chaqueta

los
pantalones

tormentoso

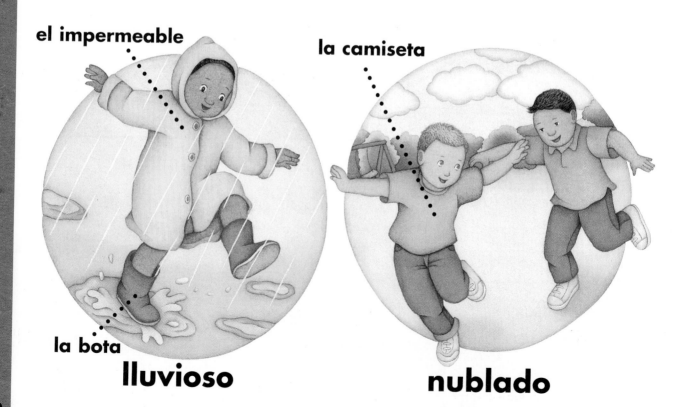

el impermeable

la camiseta

la bota

lluvioso

nublado

el viento

la lluvia

el rayo

la nieve

el abrigo

la bufanda

el suéter

el guante

frío y con nieve

ventoso

la blusa

el sombrero

la falda

los pantalones cortos

la sandalia

cálido

caluroso y soleado

Los oficios

la agente de policía

la doctora

el chofer

la carta

el cartero

el camión de bomberos

los bomberos

los libros

la bibliotecaria

el borrador
la tiza
el pizarrón

la maestra

la olla

el cocinero

la tabla

la carpintera

la llave

el plomero

los oficinistas

Índice

Índice

Índice

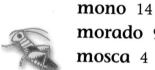

Índice